EL SECRETO
DEL GOZO

LECTURA
FÁCIL

EL SECRETO
DEL GOZO

Dónde encontrarlo
y cómo vivirlo

KARLA DE FERNÁNDEZ

El secreto de gozo: Dónde encontratlo y cómo vivirlo
Copyright © 2020 por B&H Español

Todos los derechos reservados.
Derechos internacionales registrados.

B&H Publishing Group
Nashville, TN 37234

Diseño de portada y ilustración por Matt Lehman

Toda dirección de Internet contenida en este libro se ofrece solo como
un recurso. No intentan condonar ni implican un respaldo por parte de
B&H Publishing Group. Además, B&H no respalda el contenido de
estos sitios.

A menos que se indique otra cosa, las citas bíblicas se han tomado de la
versión *Reina-Valera 1960*® © 1960 por Sociedades Bíblicas en América
Latina; © renovado 1988 Sociedades Bíblicas Unidas. Usadas con
permiso. *Reina-Valera 1960*® es una marca registrada de las Sociedades
Bíblicas Unidas y puede ser usada solo bajo licencia.

ISBN: 978-1-0877-3196-4

Impreso en EE. UU.
2 3 4 5 6 7 8 * 25 24 23 22 21

Índice

Prefacio a la serie

Leer no tiene que ser difícil, ni mucho menos aburrido. El libro que tienes en tus manos pertenece a una serie de *Lectura fácil*, la cual tiene el propósito de presentar títulos cortos, sencillos, pero con aplicación profunda al corazón. La serie *Lectura Fácil* te introduce temas a los que todo ser humano se enfrenta en la vida: gozo, pérdidas, fe, ansiedad, dolor, oración y muchos más.

Este libro lo puedes leer en unas cuantas horas, entre descansos en tu trabajo, mientras el bebé toma su siesta vespertina o en la sala de espera. Este libro te abre las puertas al mundo infinito de la literatura, y mayor aún, a temas de los cuáles Dios ha escrito ya en Su infinita sabiduría. Los autores de estos libros te apuntarán hacia la fuente de toda sabiduría: la Palabra de Dios.

Mi oración es que este pequeño libro haga un gran cambio en tu vida y que puedas regalarlo a otros que van por tu misma senda.

Gracia y paz,

Giancarlo Montemayor
Director editorial, Broadman & Holman

Una felicidad incomprendida

Entendiendo una gran diferencia

Estoy segura que más de una vez te has topado con estas frases, "hemos venido a este mundo a ser felices" y "sé feliz porque solo se vive una vez". La centralidad de la felicidad en la vida humana y su búsqueda han quedado reflejadas cientos, quizás miles, de libros y artículos que intentan guiarnos para que encontremos nuestra cuota necesaria de felicidad.

Las redes sociales y el Internet están llenos de hombres y mujeres, hoy conocidos como *influencers*, que se dedican a dar conferencias o talleres motivacionales, cuyo propósito es ayudarnos a encontrar el secreto de la felicidad. Para eso, algunos de ellos dicen que debemos descubrir quienes somos, aceptarnos y querernos y entonces explotar lo mejor de nosotros para ser «campeones» felices en medio de una sociedad triste y llena de insatisfacciones.

No podemos negar que todos queremos ser felices. Dependiendo de la etapa de nuestras vidas, entendemos la felicidad de forma diferente. De hecho, si volteamos atrás y vemos nuestra infancia y adolescencia, quizá hubiéramos querido hacer algo de otra manera para ser un poco más feliz de lo que fuimos. También imaginamos la felicidad con respecto al futuro. Es probable que nos imaginemos la felicidad como llegando a nuestra vejez y viviendo en una casa al lado de la playa, junto a nuestro cónyuge, disfrutando de la compañía de nuestros hijos y nietos contemplando la majestuosidad del mar, sin mayores preocupaciones, sin nada que nos quite la paz, libres de todos los afanes que es probable que ahora tengamos.

Queremos ser felices, pero no de la misma manera

Quizás no te imaginas la felicidad del futuro como la ejemplificamos. Por eso es necesario aclarar que la felicidad no significa lo mismo para todos, es decir, no todos encuentran la felicidad de la misma manera, en el mismo sitio, en el mismo tiempo, ni con la misma intensidad. Pero es cierto, todos queremos ser particularmente felices y queremos mostrarlo a todo el mundo.

Solemos fotografiar los momentos felices, los que queremos conservar en nuestra memoria y queremos que otros lo sepan (allí radica la popularidad de Facebook o Instagram). Fotografiamos lo que nos deja recuerdos gratos, los momentos que tiempo después salen a la conversación y nos hacen esbozar sonrisas. Fotografiamos momentos. No son solo imágenes de nosotros, de personas que amamos o lugares que visitamos, sino momentos de felicidad.

Cada vez que entramos a las redes sociales a través de nuestro teléfono inteligente, apreciaremos los momentos memorables y felices de nuestros amigos, familiares e incluso de personas que ni conocemos alrededor del mundo. Estamos hablando de momentos que sin duda todos quieren recordar porque representan que vivimos, que queremos ser felices y que, por algunos momentos, la hemos alcanzado. Eso queremos publicarlo, mostrarlo al mundo que nos rodea.

EN BUSCA DE LA FELICIDAD

¿Por qué buscaremos con tanta ansia ser felices? Parece tan valiosa que es como una joya rara, muy anhelada, costosa, pero también escurridiza y volátil. No siempre estamos felices, de hecho, lo más normal sería que durante las 24 horas del día experimentemos muchas otras emociones y no solo la felicidad.

Los humanos experimentamos emociones diversas. No somos robots que se puedan programar para ser solamente felices y sin que tengamos la necesidad de experimentar ninguna otra reacción, emoción o sentimiento. De hecho, la cultura contemporánea insiste en presionarnos para hacernos creer que la búsqueda de la felicidad es nuestro mayor y único objetivo de la vida y que debe lograrse a cualquier costo, a través de cualquier circunstancia y en nuestras propias fuerzas.

Sin embargo, la felicidad, tal como se entiende en nuestros días, ha quedado reducida a una emoción pasajera, una emoción que puede cambiar en cuestión de un segundo y que depende muchísimo de las circunstancias. La felicidad es simplemente un sentimiento que parece que es como el viento cuando lo queremos atrapar con las manos. Por eso, más que perseguir o buscar la felicidad, quisiera proponerles que a través de este pequeño libro aprendamos el secreto de vivir contentos con lo que somos, tenemos y vivimos. La Biblia lo llama vivir en gozo. Para vivir de esa manera, lo primero que necesitamos es definir el gozo y la felicidad.

¿Cuál es la diferencia entre felicidad y gozo?

Una definición de felicidad es: *«Estado de grata satisfacción espiritual y física. Persona, situación, objeto o conjunto de ellos que contribuyen a hacer feliz. Ausencia de inconvenientes o tropiezos».* [1]

Se trata, entonces, de un estado, una situación particular temporal cuya duración podrá variar por las circunstancias. Esto quiere decir que la satisfacción anímica y física, o bien, los objetos que contribuyen a ella no son permanentes y, por supuesto, esa ausencia de inconvenientes de la que habla la definición, puede cambiar en

---

[1] https://dle.rae.es/felicidad

cualquier momento. Entonces, la felicidad tiene algunas características fundamentales que no podemos perder de vista: (1) no es permanente; (2) depende de factores externos. Alcanzar la felicidad es un tanto difícil, por no decir que es casi imposible ser felices para siempre, como en los cuentos de hadas.

Una definición de gozo nos dice que es un sentimiento de complacencia en la posesión, recuerdo o esperanza de bienes o cosas apetecibles.[2] La Biblia nos enseña que el gozo es un fruto que proviene del Espíritu Santo. El apóstol Pablo nos dice que, «el fruto del Espíritu es amor, gozo, paz, paciencia, benignidad, bondad, fe» (Gál. 5:22). Todas y cada una de las partes de este fruto las obtenemos como resultado de nuestra comunión con el Espíritu Santo que habita en la vida de los creyentes. De seguro te puedes estar preguntando, ¿cómo podemos tener esa presencia? La Biblia dice claramente que recibimos al Espíritu Santo en el momento en el que creemos en Jesucristo, confiando en su muerte y resurrección para el perdón de nuestros pecados (Rom. 8:9). La obra poderosa de Cristo nos hace nuevas criaturas, hijos de Dios, y nos reviste con nuevas características que están acorde con nuestro nuevo corazón.

Entonces, el gozo no podemos alcanzarlo por hacer o dejar de hacer algo, obtenerlo por méritos propios, no depende de las circunstancias ni tampoco de lo mucho o poco que tengamos. Nada externo produce gozo, es un fruto que el

[2] https://dle.rae.es/gozo

Espíritu de Dios entrega por gracia. Esa es una excelente noticia y la razón la iremos descubriendo a continuación.

Puede sonar paradójico, pero a diferencia de la felicidad, a menudo escuchamos a personas que creen en Cristo hablar del gozo que experimentan aun cuando todo a su alrededor pareciera señalar lo contrario. Pueden haberlo perdido todo, incluyendo la salud, pero nada de eso les quita el gozo. Quisiera pensar que hay un secreto para alcanzar ese gozo cristiano del que tanto habla la Biblia, porque podríamos preguntar, ¿Cómo es posible que se pueda experimentar ese gozo cuando todo parece estar de cabeza?

El apóstol Pablo escribió una carta a sus discípulos de Filipos mientras estaba preso. Él les dijo: «He aprendido a contentarme cualquiera que sea mi situación. Sé vivir humildemente, y sé tener abundancia; en todo y por todo estoy enseñado...» (Fil. 4:11-12).

¿Cómo es posible que alguien encarcelado en una prisión lúgubre pueda decir con confianza que ha aprendido a contentarse en cualquier situación? Quizás podríamos decirlo sí estuviéramos en un oasis rodeados de palmeras, o en montañas frescas escuchando el revolotear de las aves, pero ¿en una cárcel? ¿padeciendo hambre y sabiendo que podría estar a punto de ser ejecutado? ¿Cómo es posible?

Pienso que su discurso no era muy popular en su época como tampoco lo es en nuestros días. De hecho, me atrevería a decir que parece raro ver a alguien verdaderamente contento con lo que tiene. ¿No es cierto?

Pablo había aprendido el secreto del contentamiento porque estaba satisfecho independientemente de sus necesidades o circunstancias. Para los estoicos griegos de la época de Pablo este tipo de contentamiento era considerada como una virtud fundamental. Una persona «contenta» mostraba autosuficiencia y la capacidad para hacer frente a cualquier situación con sus propios recursos. Sin embargo, la satisfacción cristiana no proviene de la autosuficiencia, sino de la dependencia de Cristo y sus recursos.[3]

Desde pequeños nos enseñan que debemos luchar por nuestros sueños, lo cual tiene algo de cierto. El problema es cuando somos empujados a fijarnos metas casi inalcanzables o irreales. Poco a poco y hasta de manera inconsciente o imperceptible nos hacen creer que la felicidad la alcanzaremos a través de lo que obtengamos y por el lugar que ocupemos en la sociedad.

No está mal que tengamos metas o sueños y nos esforcemos en alcanzarlos, pero cuando eso se vuelve el motivo principal de nuestra felicidad, nos hemos desviado y es posible que nuevamente estemos persiguiendo el viento. El problema es que nuestras metas y sueños no siempre son acertados, por más que sean nuestros. Desde que tenemos uso de razón, anhelamos más de lo que realmente necesitamos, queremos más de lo necesario y vivimos descontentos, incluso con

[3] Biblia de estudio para mujeres, comentario a Filemón 4:11. 2017. Nashville: B&H Español.

nosotros mismos.

Cuando tus metas o sueños se convierten en una carrera inacabable, nos olvidamos de ser agradecidos por lo que sí tenemos y por quienes somos. Por el contrario, nos volvemos egoístas y envidiosos porque siempre nos parecerá que el pasto de nuestro vecino es más verde, siempre habrá alguien o muchos que tendrán todo lo que merezco o parece que necesito. Lo más absurdo es que ese vecino parece que en realidad no lo necesita y, de hecho, parece que tampoco lo valora.

Sin embargo, si nos detenemos un poco y hacemos un inventario sincero de quiénes somos y de lo que tenemos, podremos darnos cuenta de lo afortunado que hemos sido en nuestro paso por esta tierra. Un inventario sin fijarnos en nadie más que nosotros mismos, no de manera egoísta, sino para seamos objetivos y podamos darnos cuenta de cuán afortunados somos por lo que se nos ha permitido vivir, tener y experimentar.

Si tienes al menos un par de décadas viviendo ya habrás experimentado lo que podríamos llamar la edad adulta, «la vida real». Ya pasaste los primeros años de tu vida en la que dependías por completo de algún adulto y ahora, por gracia de Dios, quizá ya has aprendido o estás a punto de solventar tu vida por ti mismo.

Podría ser que el hogar donde crecimos no era muy bueno, pero es muy probable que hayamos tenido dónde dormir cada noche, quizá no con las mejores condiciones ni tan seguros como hubiéramos querido, pero tuvimos un hogar, un lugar donde dormíamos y esperábamos el día siguiente.

Seguramente lo mismo diríamos de los estudios, la ropa que vestimos, los amigos con quienes jugábamos y la lista pudiera seguir por varios párrafos más. Probablemente podríamos pensar: *«sí, bueno, tuve todo eso, pero no fue lo mejor que pude haber recibido, en realidad fui un gran niño y creo que merecía una infancia mejor».*

Créeme, lo entiendo. Alguna vez lo pensé y reclamé por eso mismo. Sin embargo sin embargo, aunque no haya sido lo que esperábamos, tuvimos la bendición de tener todo eso que quizás otro ser humano ni en sueños pudiera haber tenido. Aprendemos a ser agradecidos y mostrar contentamiento cuando lo vemos de esa manera, pero nuestra tendencia es compararnos siempre con el que tiene mucho más y frustrarnos por eso.

Cuando vemos lo que tenemos y lo comparamos con alguien que tiene más, tendemos a sentirnos mal, menospreciados, nuestro ego se siente herido porque nos sentimos menos que otros pues solemos darle valor a las personas de acuerdo con sus posesiones. Pero, seamos realistas ¿por qué no nos comparamos (si se me permite el término) con aquellos que no han tenido las mismas oportunidades que nosotros? Insisto, no para menospreciar o sentirnos superiores a ellos, sino para descubrir cuán bendecidos hemos sido. No olvidemos que Jesús dijo, «Estad atentos y guardaos de toda forma de avaricia; porque aun cuando alguien tenga abundancia, su vida no consiste en sus bienes» (Luc. 12:15).

Podemos dar gracias a Dios porque la manera en que vivimos en el pasado, ya sea con escasez o abundancia, nos ha ayudado a forjar nuestro carácter, nos ha enseñado a vivir la vida en el mundo real y no en una burbuja egoísta. Así la vida real en esta tierra, en este mundo roto, lleno de maldad, con pecado por doquier nos hace anhelar, sin duda, una vida mejor, un lugar muchísimo mejor dónde vivir por siempre.

El pensar en una vida mejor más allá de esta vida terrenal puede sonar como locura y fanatismo para muchos. Sin embargo, tampoco podremos tener una vida de gozo y contentamiento cuando pensamos que todo empieza y termina con esta vida terrenal y temporal. Debemos reconocer que nuestra vida es una neblina como bien lo dice el apóstol Santiago: «Porque ¿qué es vuestra vida? Ciertamente es neblina que se aparece por un poco de tiempo, y luego se desvanece» (Sant. 4:14). Si vivimos solo para esta vida hemos perdido toda esperanza, entonces nos hemos estado perdiendo de lo por venir y nuestra mirada ha sido muy corta.

Cuando estamos conscientes de que este no es nuestro destino final, sino que hay una nueva tierra a donde llegaremos después de que todo esto que vemos llegue a su fin (Apoc. 21:1), el vivir día a día con mucho o con poco, lo viviremos con gratitud, contentos, gozosos no solo por lo que se nos ha permitido vivir y tener, sino, por lo que viviremos y lo que tendremos cuando todo esto haya terminado. Esa es la esperanza que tenemos los que creemos en Cristo porque Él murió y resucitó para que nosotros que estábamos muertos también vivamos con Él (Rom. 6:8).

Quisiera reiterar que si vivimos el día a día como si no hubiera nada más que lo que está delante de nosotros, entonces viviremos descontentos porque tuvimos «la mala fortuna» de haber nacido en las condiciones en las que nacimos teniendo lo que tenemos y deseando lo que no podemos alcanzar.

Pero nosotros no creemos en la fortuna, sino en el Dios Todopoderoso que creó los cielos y la tierra, el Dios que nos muestra en su Palabra cómo cuida de sus hijos aun cuando no tienen nada, que nos asegura el lugar en el que viviremos eternamente con Él gracias a la muerte de cruz de Su Hijo Jesucristo, el Dios que nos muestra que a causa del pecado, merecíamos la muerte eterna, pero por el gran amor con que nos amó hoy gozamos de la seguridad de la vida Eterna. Allí radica nuestro descanso y nuestra gratitud.

CON TODO PARA SER FELICES

En realidad, tenemos todo para ser felices. ¡Todo!

El apóstol Pablo le enseñaba a su discípulo Timoteo, «Pero gran ganancia es la piedad acompañada de contentamiento; porque nada hemos traído a este mundo, y sin duda nada podremos sacar. Así que, teniendo sustento y abrigo, estemos contentos con esto» (1 Tim. 6:6-8, énfasis mío). Nada hemos traído, nada es nuestro y nada nos hemos de llevar, ¿por qué entonces vivir disgustados o descontentos con lo que tenemos y somos?

Decía al principio que todos queremos ser felices, y que el gozo cristiano tiene que ver con vivir contentos, agradecidos con lo que ya tenemos. Es posible vivir con ese gozo siempre, pero nosotros nos complicamos la existencia y nos dejamos guiar por lo que otros dicen que es lo mejor para nosotros. Esto no es nuevo ni solo parte de nuestra sociedad consumista y relativista. Ha estado entre nosotros desde el inicio de la civilización.

Por ejemplo, Epicuro, el filósofo griego del hedonismo, determinó que la clave para una vida feliz era lograr acumular la mayor cantidad de placer mientras se reduce al máximo el dolor. De hecho, esta segunda parte de la fórmula es más importante que la primera. El requisito indispensable para una buena vida es la erradicación de todo tipo de dolor.[4]

Sin duda, todos quisiéramos vivir sin experimentar dolor de ninguna clase, pero eso es algo imposible en este mundo. Tampoco podemos ser indiferentes al dolor o a cualquier otra emoción, como si evadiéramos todo lo que sucede en nuestro alrededor como la fórmula final para alcanzar la felicidad. Podremos hacerlo por un tiempo, pero no creo que sea muy prolongado.

Quizás esto suene a mala noticia. Querer vivir una vida de felicidad absoluta, sin experimentar nada más que felicidad, es imposible.

---

[4] Jaime Fdez-Blanco Inclán, «Epicuro, o el hedonismo inteligente», *Filosofía & Co*, 2018.

Suena hermoso, podríamos escribir libros donde todo sea miel sobre hojuelas, donde no haya nada malo y aun así no sería cierto, al menos no en esta tierra, en esta vida, en este tiempo.

Perdóname si soy repetitiva en esto, pero todo lo que experimentamos aquí en nuestro paso por esta vida, por esta tierra, nunca nos satisfará por completo. Por el contrario, nos debe llevar a anhelar algo mejor. Una vida mejor, un lugar mejor porque pronto concluimos que aquí será imposible.

Nuestra vida puede parecer en este momento una madeja de estambre en las garritas de un gato, desordenada sin principio ni fin, de aquí para allá. Quizá nos sintamos de cabeza y puede que así estemos, de cabeza en este mundo. Pero ahora quisiera invitarte a que la mires desde otro ángulo, desde otra perspectiva. Tus ojos aun pueden ver por encima del sol, tus manos aun se pueden extender hacia delante, tu corazón sigue latiendo con fuerza, tus pies aunque están aquí en la tierra deberán encaminarse al cielo.

No somos de este mundo, no pertenecemos aquí, simplemente estamos de paso. Que nada nos ate a este mundo como para hacernos perder la visión de lo porvenir. Esto no es nuevo, no es una filosofía inventada por ningún ser mortal. Es una afirmación de aquel que planeó tu vida y la mía y en eso podemos descansar y confiar.

Porque sabemos que si nuestra morada terrestre, este tabernáculo, se deshiciere, tenemos de

Dios un edificio, una casa no hecha de manos, eterna, en los cielos. Y por esto también gemimos, deseando ser revestidos de aquella nuestra habitación celestial; pues así seremos hallados vestidos, y no desnudos. Porque asimismo los que estamos en este tabernáculo gemimos con angustia; porque no quisiéramos ser desnudados, sino revestidos, para que lo mortal sea absorbido por la vida (2 Cor. 5:1-4).

Piensa diferente

Las redes sociales fueron diseñadas para mostrar lo que uno quiera mostrar, la vida de ensueño real o artificial de las personas. Nos atrae la idea de conocer qué tan bien están los demás, o mejor dicho, queremos saber cómo viven los demás. ¿Por qué? ¿Qué necesidad tenemos de saberlo? Porque toda la felicidad que se muestra es externa y material. El verdadero gozo, la felicidad verdadera, el contentamiento no pueden fotografiarse, no se puede hacer un selfie de mi corazón. Las redes, entonces, tienden a hacernos olvidar que la verdadera alegría, el gozo del que hablamos, comienza desde dentro, esa es la felicidad fundada en el Señor que experimentan los que han depositado su confianza y su vida en manos de Dios.

Parece irreal, lo sé; pero la verdad, ¡lo es! Eso no implica que se anule el sufrimiento como el hedonismo plantea, sino que a pesar del dolor aprendamos a vivir con alegría en el corazón. El gran rey David nos deja saber en el libro de los Salmos que a pesar de tener todo un reino, esposas, concubinas y todo lo que cualquier mortal pudiera pensar que es lo único necesario para vivir siempre más que satisfecho y, como dicen, con una sonrisa de oreja a oreja... nada de eso asegura la felicidad.

Él escribió lo siguiente: «¿Por qué te abates, oh alma mía, Y te turbas dentro de mí?» (Sal. 42:5) Él sabía que tanto la felicidad como la infelicidad se siente y se experimenta desde dentro. Entonces, cuando aprendemos a depositar nuestra confianza y nuestra felicidad en Dios, será verdadera y será evidente a quienes nos rodean, sin necesidad de hacer alarde de ello.

Cambiemos nuestra manera de pensar, dejemos de fijar nuestros ojos solo en la vida bajo el sol, como si no hubiera nada más allá de lo cual pudiéramos maravillarnos. Fijemos nuestros ojos por encima del sol, hagamos una introspección a nuestro corazón y, tal vez hasta podríamos hacer una lista con todo aquello que, sin ser material, nos llena el corazón de gozo y no nos habíamos percatado o lo habíamos minimizado por estar enfocados en alcanzar la felicidad que las filosofías, el mundo, la cultura, el mercado y las redes nos han vendido por años.

Necesitamos estar conscientes de que, si eso que nos han vendido como la felicidad eterna fuera verdad, entonces muchos deberían estar viviéndola y otros deberían estar alcanzándola, pero los hechos demuestran lo contrario. La Palabra de Dios nos muestra que es posible vivir en completa felicidad, en completo gozo cuando la fuente de nuestra felicidad es el Señor mismo, aun cuando todo afuera se esté derrumbando. El rey David lo experimentó y lo expresó así:

Porque lo has bendecido para siempre;
Lo llenaste de alegría con tu presencia
(Sal. 21:6).

2

Un fundamento equivocado

CUANDO EL HAMBRE ENTRA
POR LA PUERTA...

Desde que era pequeña solía escuchar esta frase:
«Cuando el hambre entra por la puerta, el amor
sale por la ventana». Esta frase hace referencia
al matrimonio, dando a entender que cuando
comienza la escasez económica, el amor que se
juraron delante del altar hasta que la muerte los
separe, termina esfumándose o huyendo lo más
lejos posible.

Desde pequeña esa frase me llamó la atención y algunas veces me preguntaba, ¿por qué el
amor terminaba cuando el hambre se comenza-
ba a sentir? En mi inocencia infantil pensaba que
muchas veces había tenido hambre, pero nunca

había dejado de amar a mi papá o a mi mamá. No entendía cuál era relación de una cosa con la otra.

Lo que si pude entender con el paso de los años es que los adultos no sólo lo entendían, sino que lo aseguraban como algo ineludible, y hasta podían contar las ocasiones en las que se habían dado cuenta en sus propias vidas de que era sumamente real. La saciedad del estómago tenía algo que ver con lo que el corazón debía sentir. Quizás un estómago lleno no puede hacer que un corazón también esté lleno, pero el estómago vacío parece que tiene el poder de terminar vaciando al corazón. La verdad es que nunca entendí este dicho a cabalidad.

Entrar y salir

Todos conocemos al menos una historia cercana o lejana de una pareja feliz, contenta, satisfecha y totalmente enamorada porque, aparentemente, la seguridad en la que descansaba su amor estaba en el dinero. Mientras ellos pudieran viajar, gastar, hacerse regalos, salir, comer fuera y hacer todas las cosas que el dinero facilita, estaban más que enamorados. Ellos estaban basando su felicidad y hasta su amor en la seguridad económica. Por lo tanto, cuando la economía empezó a tambalear, toda su relación se transformó en un mal tan grande que fue capaz de romper su matrimonio.

Es probable que hayas estado en esa situación y sepas de lo que estoy hablando. Quizá también has sentido o incluso afirmado, aunque quizás con otras palabras, que cuando el hambre entra por la puerta, el amor sale por la ventana. Nos sentimos felices y podemos pasar tiempo queriéndonos y teniendo veladas románticas cuando experimentamos la tranquilidad de que los servicios básicos están cubiertos, el arrendamiento al día, la despensa completa, los útiles escolares y la colegiatura de los hijos pagada sin atrasos. Bajo esas circunstancias uno pudiera pensar que hay mucho de verdad cuando alguien dice que tener dinero es sinónimo de seguridad, tranquilidad y felicidad.

Yo considero que pensar de esa manera es una falacia y algo muy peligroso. La abundancia y la supuesta satisfacción económica también tiene sus peligros. Tener todo sin presiones y sin mayores preocupaciones, hace que nos creemos los súper poderosos, los que tenemos todo bajo control y, quizá, muy en el fondo, lleguemos a creer que no necesitamos de nadie ni de nada más que de nosotros mismos. Aunque existen honrosas excepciones, personas que aun teniendo todo lo material se reconocen solo como administradores y no dueños. Ellos no llegan a sentirse merecedores de todo, al grado de llegar a olvidarse de Dios.

Los humanos tendemos a aplaudirnos y darnos palmaditas en la espalda por lo bueno que somos en lo que sea que hagamos. Es muy probable que, en lo profundo de nuestro corazón, hayamos creído la mentira de que nosotros somos suficientes y por eso no necesitamos a Dios. Nos hemos convertido en nuestros propios dioses.

Todo lo anterior es contrario a la incertidumbre que se experimenta cuando toda esa *falsa seguridad* desaparece. Debo confesar que lo he experimentado y no por haber sido multimillonaria y haberme quedado en la ruina de un día para otro. No nos engañemos, esa falsa seguridad que da el dinero es la misma con 10 dólares que con 1,000 dólares. No se trata de la cantidad de «ceros» que tenga nuestra cuenta bancaria, sino del poder que le hemos dado al dinero para que nos gobierne, confiándole por completo nuestra seguridad.

Con el corazón en la mano puedo hablarte de todos los sentimientos encontrados que se tienen en pocas horas luego de experimentar que no tienes nada. Llegas a descubrir que tienes un músculo justo debajo de los pulmones llamado *diafragma* (justo en la boca del estómago), que curiosamente, se contrae cuando algo te produce temor o incertidumbre. De hecho, esa sensación particular la hemos asociado con «*tengo un mal presentimiento*».

Esa contracción del diafragma también se manifiesta durante la incertidumbre monetaria, se siente comúnmente cuando no sabes si tendrás para cubrir todos los gastos. Se produce cuando, por más que buscas empleo con diligencia, simplemente no aparece uno adecuado para ti, y eso te provoca no solo frustración e incertidumbre, sino también tristeza y hasta desesperación. Más aun si hay personas que dependan de ti, como tu cónyuge, hijos o tus padres. Lo sentirás también si es que eres tú quien sustentas tus estudios o si eres el dueño de un pequeño negocio o hasta de una gran empresa.

Uno sabe que toda esa incertidumbre se acumula en el alma y llegamos a ser como una olla de presión que tarde o temprano reventará si es que no sabemos cómo bajarle la temperatura, si no la calibramos y si no estamos conscientes de que puede explotar en cualquier momento. Es peligroso y no solo para nosotros, sino también para quienes nos rodean.

Sabemos que la economía es importante y que tenemos responsabilidades que cumplir y cuentas que pagar por nuestro bien y el de nuestra familia. Pero más allá de su importancia, yo me pregunto, ¿En qué momento le dimos tanto poder al dinero? ¿Cuándo fue que le cedimos el derecho de ser tan central y fundamental que cuando falta es capaz de destrozar una vida o un matrimonio?

Quizá sea un buen momento para detenernos y mirar dentro de nosotros, y que podamos ser sinceros y preguntarnos cuánto de lo que tenemos nos ha dado seguridad. ¿Le habremos cedido el control a algo tan incierto como el dinero? Si somos realistas, hoy tenemos y mañana no sabemos, hoy la moneda vale tanto, mañana podría valer casi nada y, ¿qué haremos? Dado que es tan volátil e incierto, ¿deberá dictar nuestra manera de vivir, nuestra manera de ser, nuestra identidad, nuestras relaciones y hasta nuestra forma de morir? ¿Por qué? ¿Acaso nuestro valor está en el balance de nuestra cuenta corriente?

Amamos esa falsa seguridad

Sí, la amamos, la hemos idealizado y quizá ni nos hemos dado cuenta de ese profundo afecto íntimo que le tenemos al dinero. Es algo tan común en nuestra sociedad que puede ser que lo amemos hasta de manera enfermiza y ni siquiera nos hemos percatado de ello. ¿Sabes por qué lo amamos? La razón es muy sencilla. Hemos creído que el dinero lo soluciona absolutamente todo. De hecho, por ejemplo, hay bromas en las que se dice, «El dinero no compra la felicidad, pero no es lo mismo llorar bajo un puente que montado en un Ferrari». Lo cierto es que el dinero no soluciona lo que podamos estar padeciendo, sea que lo suframos en un puente o en un Ferrari. La realidad interna del alma no cambia con el dinero o las posesiones.

El dinero no compra la estabilidad emocional. De hecho, podemos ver cómo el amor al dinero hace muchas veces exactamente lo contrario. Podemos tomar como ejemplo la vida de los famosos que pueblan las redes sociales para entenderlo más claramente. Esas personas han logrado alcanzar lo que muchos soñamos tener y parecen disfrutar de la vida que muchos anhelan. Son nuestros ídolos y hasta un modelo a imitar o envidiar.

Muchas de esas celebridades se mantienen estables y sus familias son relativamente normales. Pero también escuchamos de otros que no viven lo mismo a pesar de que aparentemente tienen todo lo que soñamos y la estabilidad económica que les permite tenerlo todo y sin pensarlo dos veces. Muchos llegaron al suicidio o muerte por sobredosis de alguna droga incluso siendo muy jóvenes. No quiero decir que esas personas famosas terminan mal, sino que me parece interesante que aun teniendo todo lo que pudiera parecer que les solucionaría la vida, realmente parece que esa no fue la solución. No, el dinero no compra la estabilidad emocional.

El dinero tampoco da tranquilidad y seguridad. Recuerdo que mi papá tenía una forma muy sencilla de explicar las cosas. Él me decía cuando era pequeña que el dinero podía comprar una casa enorme con paredes tan altas que ningún ladrón pudiera trepar, pero que nada de eso nos daría seguridad y tranquilidad como para dormir toda la noche. Él tenía razón.

El rey David también lo sabía, por eso escribió lo siguiente:

Alma mía, en Dios solamente reposa, Porque de él es mi esperanza. Él solamente es mi roca y mi salvación. Es mi refugio, no resbalaré En Dios está mi salvación y mi gloria; En Dios está mi roca fuerte, y mi refugio (Sal. 62:5-7).

Solo Dios nos da la seguridad interna para vivir bien. David le estaba hablando a su alma, recordándole que solo en Dios puede realmente descansar. Qué alegría nos da el saber que un alma en paz reflejará a un hombre o una mujer en completa paz. Lo que tenemos dentro en el corazón, lo reflejaremos en el exterior, siempre.

Es cierto que el dinero puede comprar muchas cosas, algunas de ellas importantes y necesarias, pero no lo puede comprar todo, especialmente lo más importante y fundamental para la vida. Podríamos hablar mucho de todo lo que el dinero no puede comprar: amor, familia, libertad, la vida, la fe, un buen nombre, la integridad y, por supuesto, no puede comprar la salvación de nuestra alma. Por más dinero que podamos dar para que se perdonen nuestros pecados, por más donativos a la caridad que hagamos, por más orfanatos y casas de salud que construyamos, nada de eso nos compra una relación con Dios y tampoco la entrada al cielo, y menos nos asegura una buena vida plena en esta tierra.

Por supuesto, si tenemos el poder adquisitivo para ayudar a nuestro prójimo sin buscar reconocimiento y solo por amor a nuestros semejantes, es realmente encomiable. Pero usar la filantropía para acallar la voz de nuestra consciencia que nos acusa por los pecados y el mal que hemos cometido, nunca dará los resultados esperados.

La salvación del alma, la vida eterna, no la obtenemos por lo que hagamos o dejemos de hacer, sino por lo que Jesucristo hizo, por su sola compasión, en la cruz a favor nuestro, quienes no teníamos ni tendremos nunca nada que ofrecerle a cambio por nuestra salvación. El querer ayudar a otros, el hacer buenas obras y dar a los que menos tienen, lo haremos por gratitud al que nos ha dado la salvación y el perdón de nuestros pecados, nuestro Señor Jesucristo. Lo haremos por amor a Él, no por tratar de ganarnos la entrada al cielo con nuestros recursos y esfuerzos.

No depositemos nuestra seguridad, confianza, identidad, salud o nuestra paz en algo tan banal y efímero como lo es el dinero.

LO NECESARIO

Siempre me llamaron la atención estos versículos:

> Vanidad y palabra mentirosa aparta de mí; No me des pobreza ni riquezas; **Manténme del pan necesario**; No sea que me sacie, y te niegue, y diga: ¿Quién es Jehová? O que siendo pobre, hurte, Y blasfeme el nombre de mi Dios (Prov. 30:8-9 énfasis agregado).

Me he dado cuenta de que hemos confundido *tener necesidad con deseo*. Es muy probable que te puedas identificar con este pensamiento: Necesito un teléfono última generación con cuatro cámaras y esa pantalla súper brillante 4K... ¡Realmente lo necesito! Si somos sinceros, la realidad es que solo lo deseamos, no es una necesidad.

¿Qué es una necesidad? Lo indispensable para vivir, aquello que no puede faltar en nuestras vidas. Estamos hablando de algo tan esencial como el techo, el abrigo o la alimentación. Esas son necesidades que Dios, el Señor creador del cielo y la tierra, prometió darle a sus hijos.

> No os afanéis, pues, diciendo: ¿Qué comeremos, o qué beberemos, o qué vestire-

mos? Porque los gentiles buscan todas estas cosas; pero vuestro Padre celestial sabe que tenéis necesidad de todas estas cosas (Mat. 6:31-32).

Podemos estar convencidos de la provisión de Dios para nuestras necesidades básicas, pero nuestros corazones engañosos se van tras todo lo que no es indispensable para vivir, buscando satisfacer nuestro deseo de aprobación. Esta es una manera de ser ingratos con Dios, porque buscamos con más ahínco todo eso que no nos nutre, todo aquello que no nos da seguridad ni abrigo. Entonces, volvamos una vez más al consejo del proverbista, «No me des pobreza ni riquezas; Manténme del pan necesario; No sea que me sacie, y te niegue, y diga: ¿Quién es Jehová? O que siendo pobre, hurte, Y blasfeme el nombre de mi Dios». Creo que este es un consejo para aprender a vivir bien sin dejarnos llevar por el amor al dinero ni a las posesiones que, como le decía Pablo a su discípulo Timoteo, es la raíz de todos los males (1 Tim. 6:10).

Salomón y Pablo están aconsejándonos para que evitemos algo que vemos en nosotros mismos. De seguro alguna vez has pensado, «Si tan solo Dios me diera más, si tan solo me diera la oportunidad de ser millonario, entonces podría ayudar a miles y miles de personas». Es como si de repente tener todo lo que deseamos nos va a convertir en personas generosas que se preocupan por el prójimo y el bienestar en general. ¿Por qué no serlo desde ahora con lo que tenemos y no con lo que tendremos?

No nos hemos imaginado alguna vez que nos ganamos la lotería nacional y, como decimos en México, «hacemos la repartición del pastel». Decidimos rápidamente cuántos millones les daremos a nuestras familias, cuántos más apartaremos para la casa de nuestros sueños, el viaje que siempre hemos querido realizar, pero también apoyaremos a una iglesia ¡porque Dios nos ayudó! Daremos a los pobres y guardaremos unos milloncitos más «por si se ofrece algo más».

Ocurre nuevamente esta fuerza de atracción, que como la fuerza de gravedad, nos atrae hacia lo material con gran fuerza. Terminamos reduciendo nuestra mente a lo que es terrenal, a lo que fácilmente se va y nos olvidamos de Dios. No porque ayudemos a una iglesia, quiere decir que estamos siendo agradecidos con Dios. No porque hagamos actos de caridad quiere decir que nuestro corazón ha sido transformado, o que cuando lo damos estamos recordando la bondad Dios.

«No me des más, Señor, no quiero olvidarme de ti» es el grito desesperado del escritor de los proverbios. Él conocía su propia fragilidad y lo fácil que es desviar el corazón tras todo aquello que no alimenta el alma y que nos aleja del conocimiento de Dios. Pero no solo eso, también sabía que si no tenía lo necesario para subsistir, podría correr el peligro de pecar contra Dios, robando y blasfemando. Caer en este otro extremo también es posible. Gente que quebranta los principios espirituales y morales producto de sus necesidades insatisfechas. ¿Será que en su desesperación se han olvidado del Dios que suple y provee? ¿Será que su fe se ha visto tan fracturada que la hacen a un lado y pecan? ¿La pobreza es una excusa para actuar contra la ley? Por supuesto que no.

A través de toda la Biblia podemos ver cómo Dios siempre suple a sus hijos. En ocasiones de formas tan extrañas como cuando cada mañana había maná que caía del cielo para alimentar a millones, o como aquella vez que envió a unos cuervos a alimentar al profeta Elías. Dios y sus formas tan fuera de lo común, pero tan compasivas para cuidar de los suyos. Elías estaba pasando por una profunda necesidad y estaba siendo perseguido por sus enemigos. Él no tenía nada ni podía recurrir a nadie. Es en ese momento, donde Dios le dice:

> Beberás del arroyo; y yo he mandado a los cuervos que te den allí de comer. Y él fue e hizo conforme a la palabra de Jehová; pues se fue y vivió junto al arroyo de Querit, que está frente al Jordán. Y los cuervos le traían pan y carne por la mañana, y pan y carne por la tarde; y bebía del arroyo (1 Rey. 17:4-6).

Debemos aprender a depender de Dios por sobre nuestras propias fuerzas, nuestra cuenta bancaria, o de quienes nos rodean. Nuestra confianza está en Dios. Él es la fuente de nuestra seguridad y, por consiguiente, de nuestro gozo. Aún en estos días vemos también su provisión. Quizá Dios no envía cuervos para alimentarnos, pero tenemos un empleo y un salario, a nuestro alrededor hay personas que están dispuestas a ayudarnos y apoyarnos cuando tenemos necesidad, aun cuando no lo pedimos. El Señor está detrás de todo eso.

Dios sigue pendiente de sus hijos. Confía y gózate en tu Señor.

Desde la raíz

Mira lo que nos dice el Apóstol Pablo, quien era un maestro en estar con ese gozo interno sin importar las circunstancias:

> Así que, teniendo sustento y abrigo, estemos contentos con esto. Porque los que quieren enriquecerse caen en tentación y lazo, y en muchas codicias necias y dañosas, que hunden a los hombres en destrucción y perdición; porque raíz de todos los males es el amor al dinero, el cual codiciando algunos, se extraviaron de la fe, y fueron traspasados de muchos dolores (1 Tim. 6:8-10).

Como lo hemos mencionado anteriormente, podemos estar contentos teniendo sustento y abrigo. Esto podría sonar casi imposible de logar en una sociedad tan materialista y consumista. Pero por supuesto que lo podemos lograr de la mano del Señor. Cuando aprendes a vivir dependiendo de Dios, reconociendo tu necesidad de Él y confías en que Él es quien suple y cuida de ti, cuando el Espíritu Santo comienza a darte una fuerte convicción de todo esto, entonces aprenderás a vivir contento, con gozo en el alma y corazón.

Qué alegría saber que todo lo material que pudiera quitarnos el sueño para conseguirlo no es necesario y no nos hace mejores personas. No necesitamos bienes o dinero para alcanzar una posición porque sabemos quiénes somos y conocemos nuestro valor delante de Dios.

Todos hemos sido creados por el mismo Dios, todos fuimos hechos a su imagen y semejanza (Gén 1:27). Todos tenemos el mismo valor y dignidad como creación de Dios, tú, yo, Rockefeller y el que vive bajo un puente. No hay jerarquías entre la humanidad creada por Dios. No hay favoritos y tampoco uno vale más que el otro. El Señor espera que le escuchemos y le obedezcamos. Él no nos promete tesoros, pero si nos promete que seremos su especial tesoro si le prestamos atención y vivimos conforme a su diseño (Éx. 19:5).

Lo cierto es que no necesitamos más. La próxima vez que escuches, "Cuando el hambre entra por la puerta, el amor sale por la ventana", recuerda lo que acabamos de compartir. Recuerda que siempre que amemos al dinero, dejaremos de amar lo que en realidad debemos amar. Si amamos el dinero podemos pecar robando para obtenerlo. Si amamos el dinero podemos perder familia, integridad, la honorabilidad, la seguridad y la paz. Nunca perdamos de vista las palabras de nuestro Señor Jesucristo:

> Porque ¿qué aprovechará al hombre, si ganare todo el mundo, y perdiere su alma? ¿O qué recompensa dará el hombre por su alma? (Mat. 16:26).

Recuperemos el gozo

Si estás leyendo este libro es porque seguramente quieres conocer más acerca de cómo alcanzar la felicidad, cómo aprender a vivir con ese gozo perpetuo.

El amor al dinero cuesta caro, nos consume y nos puede costar hasta el alma. Pero el buen Dios de los cielos que cuida de sus hijos, los alimenta y sustenta, sabe que nuestros corazones están siempre alejándose de Él, buscando lo material antes que buscarlo a Él.

Si fuera por nosotros, no recurriríamos a Dios, y mucho menos cuando creemos que tenemos todo lo suficiente para vivir. Seguiríamos creyéndonos autosuficientes y haciendo uso de nuestras fuerzas para obtener lo que deseamos, porque nos hemos creído la mentira de que somos lo que tenemos, pero tarde o temprano nos daremos cuenta de que no es así.

Pero Dios, conociendo esa tendencia de ir en contra de Él y por el inmenso amor que nos tiene, no nos deja morir en nuestros delitos y pecados. No nos deja esclavos a ese amor enfermizo que nos seduce hasta consumirnos; ese amor falso, efímero y banal.

Él nos llama y atrae como con cuerdas de amor, algunas veces poco a poco, otras veces de un jalón hacia Él. Su intención es que sepamos que con amor eterno nos ha amado, y por eso nos habla acerca de cómo nos planeó y llamó a Él. Ese amor es para corazones sedientos y necesitados de todo, de afecto, de aceptación, de identidad,

Él tiene todo eso y más para nosotros a manos llenas, y por eso nos llama y no podemos resistir a su llamado.

Cuando vamos a Él nos damos cuenta de cuán pequeño es el humano y cuán grande es Dios. Él es lo único que necesitas para vivir y vivir bien, en plenitud, con gozo, con libertad y una paz que solo Él y nada ni nadie en todo el cosmos y el universo es capaz de brindar.

Entre sus brazos reconocemos que aun teniendo nada o teniendo muy poco, eres capaz de vivir con gozo y gratitud porque Él nunca te dejará ni te desamparará y todos los días, sean buenos o malos, Él siempre estará presente porque lo ha prometido.

Cuando tienes los ojos puestos en Él, puedes decir en alta voz como dijo Pablo mientras estaba en una cárcel lúgubre luego de recibir una ayuda monetaria de sus discípulos de Filipos:

> En gran manera me gocé en el Señor de que ya al fin habéis revivido vuestro cuidado de mí; de lo cual también estabais solícitos, pero os faltaba la oportunidad. No lo digo porque tenga escasez, **pues he aprendido a contentarme, cualquiera que sea mi situación. Sé vivir humildemente, y sé tener abundancia; en todo y por todo estoy enseñado, así para estar saciado como para tener hambre, así para tener abundancia como para padecer necesidad. Todo lo puedo en Cristo que me fortalece** (Fil. 4:10-13, énfasis agregado).

Nuestra felicidad y gozo no depende de nuestra cuenta bancaria ni de los bienes que poseamos, sino de la seguridad que tenemos en el Cristo, quien dio su vida por nosotros. Él fortalecerá nuestra fe cuando tengamos necesidad y suplirá para nuestras necesidades como lo prometió. Él nos fortalecerá cuando su voluntad es que tengamos más, para que no desviemos nuestros pies tras el amor falso del dinero, sino que reconoceremos que todo lo que somos y tenemos es gracias a Él.

Dios nos ayude a nunca jamás olvidar que dependemos de Él, que lo necesitamos y a Él le pertenecen todas las cosas, tanto arriba como debajo de los cielos, incluyéndote a ti, a mí y lo que Él decida darnos.

3

El gozo enmudeció

EL DAÑO DE LA QUEJA Y LA AMARGURA

Hablemos de una de las armas letales que atacan al gozo. La queja. El buscar continuamente estar contentos, ser felices y vivir con gozo en esta tierra, a menudo termina, casi sin darnos cuenta, cuando comenzamos poco a poco a quejarnos de lo que tenemos porque, en realidad, no tenemos lo que deseamos con todas nuestras fuerzas.

Cuando nos quejamos empezamos a mostrar el disgusto que se anida en nuestra alma. Eso se traduce en amargura, que es lo contrario a la felicidad. Imaginemos que el gozo es como una planta verde, llena de vida, con flores y fruto dulce; entonces la queja la podemos representar como agua amarga, insalubre. La queja continua es como si dejáramos caer unas pocas gotas de esa agua contaminada directamente a la tierra fértil, donde está plantada nuestra planta del gozo. Tarde o temprano llegará el momento en que esa tierra esté tan llena de elementos contaminantes que no solo se echará a perder la tierra, sino la planta enfermará y no dará más flores ni frutos. Cuando comenzamos a quejarnos, cuando producimos queja dentro de nosotros, es probable que ya no podamos detener su efecto destructivo y, por el contrario, se aumentará la amargura con el paso del tiempo.

La queja es muy común, es tan común que nos llegamos a acostumbrar a ella, aunque quizás la percibimos más en otros que en nosotros mismos. Seguramente conoces a alguien que vive quejándose de todos y por todo. Llega a cansar el mantener una conversación con alguien así, pero me atrevo a preguntarte, ¿qué si nosotros somos los quejumbrosos y no nos hemos dado cuenta?

Es triste reconocerlo, pero la queja es parte de nuestro día a día, es parte de esa naturaleza pecaminosa que todos los seres humanos tenemos, desde la caída de Adán y Eva en el Génesis, los seres humanos hemos hecho de la queja un elemento distintivo del deterioro de nuestro corazón. Sin embargo, déjame decirte que es posible erradicarla desde raíz.

La queja es grave porque no solo es una tendencia negativa del alma, sino que es un pecado. Mira lo que dice Judas (el escritor de una carta del Nuevo Testamento, no el que traicionó a Jesús):

He aquí, el Señor vino con muchos millares de sus santos, para ejecutar juicio sobre todos, y para condenar a todos los impíos de todas sus obras de impiedad, que han hecho impíamente, y de todas las cosas ofensivas que pecadores impíos dijeron contra Él. **Estos son murmuradores, quejumbrosos, que andan tras sus propias pasiones;** hablan con arrogancia, adulando a la gente para obtener beneficio (Judas 1:14-16, énfasis agregado).

Como podrás notar, la queja puede ser muy común, pero no por eso deja de ser pecado. Lo cierto es que sí lo es, solo que nos hemos acostumbrado tanto a tenerlo en nosotros y en otros que lo hemos terminado aceptando y minimizando. Podemos darnos cuenta de esto tan solo en las salidas con nuestros amigos y amigas, ¿de qué es lo que más hablamos? Si somos honestos, la mayor parte de nuestra conversación se reduce a quejarnos de todo y de todos porque no estamos contentos con algo específico o, en realidad, no estamos contentos con nosotros mismos.

Puede tratarse de un trabajo mal remunerado, el cónyuge, la infertilidad, alguna enfermedad, la economía, los vecinos y todo lo que gira a nuestro alrededor. Las circunstancias no son lo que esperábamos y, en ocasiones, somos tan osados en quejarnos del clima, algo que en absoluto podemos controlar.

Tengo que reiterar que la queja es un pecado grave, ¿por qué? Porque muestra la ingratitud de nuestro corazón para con Dios al evidenciar descontento por lo que, en Su gracia y sabiduría, nos ha dado. Es como si le dijéramos a Dios: «te equivocaste en esto que me has dado, yo merezco algo diferente y hasta mejor». Mostramos un enojo velado y dejamos ver a través de nuestras palabras como poco a poco la amargura está siendo parte de nuestra vida.

Y es que somos buenos llevando una lista de lo que pensamos que es mejor para nosotros, imaginamos que tenemos el control de todo y analizamos detenidamente los pros y los contras de lo que queremos para nosotros. Pero, yo les pregunto ¿cuándo ha sido cierto eso? ¿Cuándo hemos tenido la razón de todo lo que creemos es lo indicado y perfecto para nosotros? ¿Cuántas veces hemos tomado un camino que a nuestros ojos es el correcto y regresamos heridos o arrepentidos? ¿Cuántas veces hemos tenido que pedir perdón por haber tomado una decisión incorrecta a pesar de las advertencias?

Una visita a una lección del pasado

De seguro conoces algo de la historia de los israelitas en el desierto. No somos muy diferentes a ellos. Por eso creo que vale la pena recordar una parte de su historia que está escrita en la Biblia y se sigue aprendiendo de ella hasta el día de hoy.

El pueblo de Israel fue esclavo en Egipto por 430 años (Éx. 12:40). Los egipcios no creían es el mismo Dios, no ofrecían los sacrificios requeridos por el Dios de los cielos, y maltrataban a los israelitas, obligándoles a hacer trabajos forzados.

No sé tú, pero si yo estuviera en esa misma situación, estaría clamando a Dios día y noche para que me sacara de ese lugar, o quizá estaría ideando la manera de escapar con mi familia lo más pronto posible. Es un lugar al que seguramente no querría nunca regresar jamás, ni siquiera de visita y clamaría al Dios de los cielos para que en su maravillosa bondad me socorriera y me librara de ese tormento.

Bueno, eso es lo que sucedió con el pueblo de Israel. Cansados de las torturas y los malos tratos clamaron a Dios, y Dios los escuchó:

> ... el Señor dijo: ciertamente he visto la aflicción de mi pueblo que está en Egipto, y **he escuchado su clamor a causa de sus capataces;** pues estoy consciente de sus sufrimientos, y **he descendido para librarlos de mano de los egipcios, y para sacarlos de aquella tierra a una tierra buena y espaciosa, a una tierra que mana leche y miel,** al lugar de los cananeo, de los hititas, de los amorreos, de los ferezeos, de los heveos y de los jebuseos (Éx. 3:7-8, énfasis agregado).

El buen Dios de los cielos escuchó el clamor de sus criaturas, quienes sufrían a manos de quienes los tenían esclavizados. El Señor decide liberarlos y llevarlos a un lugar de ensueño. Un lugar donde no serían más maltratados, donde trabajarían su propia tierra y donde cosecharían el fruto de sus manos. En esa tierra vivirían en co-

munidad, en familia, en libertad y podrían ado-
rar a Dios sin ningún problema, sin restricciones
y todos juntos.

Dios llamó a Moisés, un israelita que vivió en
Egipto, donde su pueblo era esclavo. Sin embargo, Él vivió de manera diferente en un palacio,
no era un esclavo más a manos de los egipcios
pues había sido adoptado por la hija del Faraón
(Éx. 2:4-10). Ahora entiendo que ese fue el plan
de Dios para poder cumplir su propósito en él.

Si Moisés vivió en la opulencia, con las mejores enseñanzas de la época, con privilegios como
hijo de la hija del faraón, ¿cómo crees que haya
sido su carácter? Especulando un poco, pero conociendo algo acerca de lo engañoso que puede
ser el corazón, quizás Moisés era una persona or-
gullosa, soberbia y llena de vanagloria.

Sabemos que nuestro Dios tiene formas tan
peculiares de actuar, y con Moisés no fue diferente. El Señor lo liberó de la esclavitud en la
que vivía. No se trataba de una esclavitud a base
de golpes o maltratos, pero sí era esclavo de la
cultura de su época, de falsas enseñanzas y de la
idolatría imperante en Egipto. Moisés era esclavo
en un palacio, donde no podía experimentar la
libertad que trae el saber que es un hijo amado
del Dios creador del cielo y de la tierra.

Ese palacio no era el lugar que el Señor tenía
preparado para él, aunque muchos podrían pensar que no había un mejor lugar en todo Egipto
y de seguro muchos lo envidiaban. Ni su llamado
ni su propósito en esta tierra estaban vinculados
con el poder y las riquezas de Egipto. Cuando sa-

lió en defensa de otro israelita que estaba siendo
maltratado, terminó asesinando a un guardia del
faraón y tuvo que huir del país. ¿Por qué huyó?
Quizá el carácter del faraón era tan inmisericor-
de que Moisés sabía que sería ejecutado por el
crimen que había cometido.

Moisés huye, huye hacia la libertad que no
planeó ni pensó. Una libertad que quizá ningu-
no de nosotros pudiéramos imaginar de esa manera. Sin embargo, Dios actúa de manera que no
solo busca complacernos, sino que nos ayuda a
madurar, a crecer y a vivir en verdadera libertad.
Ese hombre que huyó derrotado de un país ma-
jestuoso como pocos en el mundo, huye solo con
lo que tenía puesto y sin saber siquiera a dónde
iría y qué haría con su vida.

Moisés se estableció en el desierto y se dedicó
a cuidar las ovejas de su suegro. Con el paso de
los años y de pruebas que de seguro habían afec-
tado su carácter, podríamos pensar que Moisés
tenía todas las razones posibles para quejarse y
tener amargura en el alma por el tremendo cambio en su forma de vida. Él podría haber levanta-
do el puño contra Dios quejándose de cómo su
vida cambió en un instante luego de un acto que
podría considerarse bueno y justo.

Sin embargo, contrario a lo que pudiéramos
pensar, Moisés nunca se quejó de nada, ni de que
su vida haya cambiado de un momento a otro, de
tenerlo todo a no tener absolutamente nada, de
vivir en la comodidad de un palacio a habitar en
medio del desierto.

Moisés ahora era conocido como un hombre

manso, que se dedicaba al pastoreo y a su familia. Además, el Señor tenía otros planes porque Moisés sería su instrumento para libertar a los israelitas y guiarlos por el desierto hasta llegar por fin a la Tierra Prometida, esa tierra de la que fluía leche y miel. Dios liberó a los israelitas de la esclavitud en Egipto después de hacer muchas señales, prodigios y milagros delante de los ojos de su pueblo y de los egipcios.

No había duda de que el Dios de los cielos, el libertador de Israel, reina sobre toda la creación, lo que Él diga será hecho. Ese Dios que orquestó lo que podría parecer un plan tan extraño para nosotros, al final demostró ser para bien, y finalmente para Su Gloria.

> Y sabemos que a los que aman a Dios, todas las cosas cooperan a bien, esto es, a los que son llamados conforme a su propósito (Rom. 8:28).

El pueblo de Israel sale caminando por el desierto, agradecidos, felices de ser al fin libres, cantando de gozo porque tienen la seguridad de la promesa de que Dios los llevará a una tierra buena, ese oasis al que sin duda los hijos de Dios llegarán por la gracia del Señor en completa libertad.

¿Cómo habrá sido su primera noche al echarse a dormir sabiendo que eran libres? ¿Habrán podido dormir? ¿Qué pasaría por sus mentes esa noche? Quizás tú mismo pasaste alguna vez por una situación en donde pensabas que no había salida a lo que te estaba atormentado y de un momento a otro todo cambió para bien tuyo solo producto de la intervención de Dios.

Volvamos al pueblo de Israel. Todo parecía estar saliendo maravillosamente bien. De seguro se preguntaban ¿qué podría salir mal? Ya habían salido libres, sin embargo, sucedió lo impensable. Se quejaron de esa libertad al verse amenazados por los egipcios que los perseguían en el desierto. ¿Será acaso que nunca estaremos satisfechos con lo que tenemos y siempre estaremos anhelando algo diferente que nunca realmente alcanzaremos? (Ex. 14:10-12). Nuestros corazones son insaciables, desean estar llenos con todo lo que están acostumbrados a tener o bien, aquello que nunca han tenido y creen necesitar.

Lo que llega a pasar con todos nosotros, también sucedió con ellos, Después de haber sido liberados de la esclavitud, del pueblo que los tuvo cautivos durante poco más de cuatro siglos, ellos comenzaron a quejarse: «Y el pueblo comenzó a quejarse en la adversidad a oídos del SEÑOR; y cuando el Señor lo oyó, se encendió su ira, y el fuego del SEÑOR ardió entre ellos y consumió un extremo del campamento» (Núm. 11:1).

El pueblo se quejó porque sentían que lo estaban pasando mal. Pero ellos realmente estaban en el lugar que Dios había elegido para su pueblo, los había libertado de la esclavitud, les estaba dando una identidad como Su pueblo, una tierra que les pertenecería a ellos para siempre, un lugar en donde serían reconocidos como el pueblo del Dios viviente y ¡ya no serían esclavos de nadie!

Pero no tenían eso en mente, solo podían pensar en su bienestar físico aquí y ahora, en mantener saciados sus propios deseos y gustos. Después de haber vivido en Egipto bajo el yugo de la pesada esclavitud, al ver sus carencias desde un plano horizontal, llenos de amargura y airados contra Dios se quejan diciendo: «¿Es poco que nos hayas **hecho venir de una tierra que destila leche y miel**, para hacernos morir en el desierto, sino que también te enseñorees de nosotros imperiosamente?» (Núm. 16:13 énfasis agregado).

La verdad es que yo lo leo y no termino de creerlo. Sí, ellos llamaron a Egipto, la tierra en la que fueron esclavos, una tierra que destila leche y miel. La consideraron como una tierra ideal, el lugar perfecto para vivir en plenitud. ¡No cabe duda que la queja nos ciega de la realidad! Nos hace desviar la mirada de lo esencial, trastocamos nuestros valores y dejamos de ver las bendiciones que tenemos y las futuras, al estar solo enfocados en lo que no tenemos y deseamos.

Dios tomó cada una de esas quejas como si fueran dirigidas hacia Él mismo. La razón es muy sencilla. Nuestro Señor asumió que las quejas eran contra Él porque indirectamente le estaban diciendo «No puedo agradecerte por nada de esto porque yo sé que no es lo mejor para mí. Estaba mejor antes». Cada queja, la de los israelitas en el desierto, como nuestras propias quejas, muestran la ingratitud que tenemos a Dios y la rebeldía que nos llena de amargura y nos roba el gozo que desaparece de nuestro corazón.

La queja enmudece al gozo

No somos tan distintos al pueblo de Dios en el desierto. Tú y yo tenemos mucho por lo que podemos estar agradecidas con Dios a través de toda nuestra vida, en los tiempos buenos y en los malos. Creyentes e incrédulos gozan del favor de Dios porque «Él hace salir su sol sobre malos y buenos, y llover sobre justos e injustos» (Mat. 5:45). Sin embargo, cuando conocemos al Señor como nuestro Salvador, nuestra gratitud debería ser mayor porque podemos reconocer cuál era nuestra condición de esclavos del pecado (como los israelitas), y cómo nos dio una verdadera libertad para vivir en plenitud a Su lado. Es una libertad que supera lo que tengamos o no tengamos, que va más allá de nuestros deseos y supera todas nuestras expectativas. Ese es el verdadero motivo de nuestro gozo, por lo cual estamos más que agradecidas y con una felicidad que muchas ocasiones no podemos ni comprender ni explicar.

No es que aprendemos a quejarnos o que nos quejamos solo cuando las cosas van mal. La verdad es que la traemos dentro. Sabemos quejarnos desde bebés, no nos gusta algo y reaccionamos de mala manera, quizá inconscientemente en esos momentos, pero de que nos sabemos quejar desde muy pequeños, lo sabemos. Si no hay un freno para nuestra queja, ella aumentará con el paso del tiempo.

Como he dicho, la queja no solo muestra nuestra ingratitud, sino que también muestra que estamos descontentos con lo que tenemos y, sin duda, eso traerá resentimiento y hasta frustración. ¡Todo lo opuesto al gozo que tanto anhelamos experimentar!

¿Cómo sé si soy quejumbroso?

Se acuerdan de que les hablé de alguien quejumbroso, que se queja por todo y en todo tiempo. Hasta lo que no es de su incumbencia le afecta. Pero eso no es todo, los quejumbrosos se atraen, así que no te sorprendas si el día de hoy te das cuenta de que eres tan, o más quejumbroso que tu amigo que siempre se queja.

Si nadie se ha atrevido a decirnos, «oye, ¡de todo te quejas, nada te parece!» quizás es porque nuestro círculo de amistades y familiares también es quejumbroso. Podemos hacer la prueba y acercarnos a alguien de confianza y preguntarle de manera directa «¿Tú crees que soy quejumbroso?». Espera la respuesta con la mejor actitud porque es probable que no nos guste la respuesta.

Así que, respira hondo, y con espíritu humilde disponte a recibir enseñanza de parte de otros. Prepárate para escuchar lo que probablemente no quisieras escuchar. Ahora, es necesario mencionar también, que quizá no quieran lastimarnos y nos digan «sí, te quejas, pero lo normal». Tienes que tener cuidado con ese tipo de respuesta porque, como dijimos antes, la queja es tan normal en nuestros días que ya no lo vemos como algo necesario de eliminar de nuestra vida.

Nosotros sabemos cuando somos quejumbrosos. Comencemos a escucharnos con atención, hagamos lo posible por pensar antes de hablar, preguntémonos antes de hablar, ¿por qué diré lo que pienso decir? ¿Ayuda a alguien lo que diré? ¿Trae paz a mi alma o, por el contrario, me altera? ¿Muestra inconformidad mi comentario? ¿Hablo con resentimiento? ¿Son comentarios negativos? ¿Tengo algún beneficio con lo que diré? Cuando pienso lo que voy a decir, ¿me enojo?

Es sencillo darnos cuenta de cuán quejumbrosos somos, basta con que estemos alerta a nosotros mismos. Escuchemos a otros y escuchémonos a nosotros mismos y seamos honestos cuando somos quejumbrosos, al menos, de vez en cuando, y busquemos ser diferentes.

La queja tiene solución

Primero que nada, necesitamos recordar que no es saludable quejarnos, no ganamos nada y perdemos mucho. El gozo se evapora con el fuego de la queja. ¿Qué caso tiene quejarnos de todo aquello que no tenemos? En verdad, podemos pasarnos toda la vida con amargura por no tener lo que quisiéramos, y eso mismo nos estará impidiendo disfrutar lo que sí tenemos.

Podemos estar quejándonos continuamente contra Dios, queriendo tratar de convencerlo de que nos dé lo que tanto anhelamos y creemos absolutamente necesario para nuestra felicidad personal, podemos incluso hacer rituales y promesas al Señor para animarle a que nos escuche y nos responda como queremos.

Pero Dios es un buen Padre que no nos ignora cuando hablamos con Él. La Biblia dice que si nosotros siendo malos padres le damos buenas cosas a nuestros hijos, ¿no hará Él lo mismo? Sin embargo, es común olvidar que Dios conoce todo de nosotros y sabe lo que más nos conviene.

Puede ser que Dios no nos ha dado lo que le hemos estamos pidiendo porque sabe que no será bueno para nosotros. Es probable que estamos pidiendo sea simplemente superficial y mundano. El apóstol Santiago dice, «Pedís, y no recibís, porque pedís mal, para gastar en vuestros deleites» (Sant. 4:3). Un buen ejercicio que podemos comenzar a hacer, si acaso no lo hemos hecho ya, es preguntarnos por qué deseamos lo que deseamos y cuáles serán las consecuencias de tenerlo.

Les invito a que comencemos un día a la vez a erradicar la queja. Si podemos arrancarla de raíz, será excelente, pero eso no siempre es posible. Hay algo que me queda muy claro y que es como un patrón que Dios sigue con nosotros. Todos los días con su ayuda vamos siendo transformados, renovados, vamos dejando cosas que no son de beneficio a nosotros. Por eso debemos trabajar nuestras quejas un día a la vez, y eso nos mantiene humildes, dependiendo de Dios.

Es importante que tomemos la decisión de dejar de quejarnos, que nos propongamos cambiar nuestra forma de hablar de negativo o con resentimiento a gratitud constante y por todo, tal como lo enseña el apóstol Pablo, «Dad gracias en todo, porque esta es la voluntad de Dios para con vosotros en Cristo Jesús». (1 Tes. 5:18).

Cuenta tus bendiciones

Mi esposo suele decir que soy una mujer «histórica», porque recuerdo con alguna precisión detalles acerca de lo que he vivido o incluso de lo que otros han experimentado. Recuerdo hasta aromas y fechas en imágenes sumamente claras. Aunque no tengo memoria eidética, sí se me facilita recordar. Sin embargo, algo que me da temor es precisamente, olvidar. Trato de escribir en cuadernos o en mi Facebook anexando una fotografía con el hashtag #MisMemorias para que si algún día llego a olvidar, eventualmente pueda volver a ese escrito y así recordar nuevamente.

Antes escribía todo; lo bueno, lo malo, momentos tristes, peleas... pero me dí cuenta que eso no necesito escribirlo porque por alguna soberana razón, lo malo que acontece en la vida es menos probable que lo olvidemos. ¿Te pasa lo mismo? Tendemos a no olvidar lo malo con facilidad, pero lo bueno **no siempre** está presente en nuestra mente y nuestro corazón.

Podríamos decir, entonces, que tendemos a olvidar más fácilmente lo bueno que Dios ha hecho por nosotros. Solemos olvidar lo bueno que otros han hecho a nuestro favor. Nos olvidamos de agradecer quizá porque nos centrarnos en lo que no tenemos y el sufrimiento ocupa todo el espacio de nuestro corazón. Sufrimos porque, como Elisabeth Elliot dijo, «El sufrimiento es tener lo que no quieres o querer lo que no tienes».[5] Esto es un

---

[5] Elisabeth Elliot, *Sufrir nunca es en vano*, 2019. Nashville: B&H Español.

círculo vicioso que solo terminará cuando aprendemos a amar lo que tenemos y hacemos, cuando
agradecemos por todo y en todo tiempo.

Una práctica que puede ayudarnos y que podemos implementar para llevarla a cabo a solas
o también con nuestra familia, es la de contar
tus bendiciones. Hacer un memorial de gratitud. Un tiempo de celebración y gratitud, un
tiempo para fortalecer los buenos recuerdos
y ser agradecidos con el Señor y con aquellos
que colaboraron en nuestro gozo. Los antiguos
israelitas solían levantar monumentos amonto-
nando piedras que luego asociaban con el suce-
so que querían recordar. Un buen ejemplo es el
siguiente:

> Y les dijo Josué: Pasad delante del arca de
> Jehová vuestro Dios a la mitad del Jordán, y
> cada uno de vosotros tome una piedra sobre su
> hombro, conforme al número de las tribus de
> los hijos de Israel, para que esto sea señal entre
> vosotros; **y cuando vuestros hijos pregunta-
> ren a sus padres mañana, diciendo: ¿Qué
> significan estas piedras? les responderéis:**
> Que las aguas del Jordán fueron divididas de-
> lante del arca del pacto de Jehová; cuando ella
> pasó el Jordán, las aguas del Jordán se dividie-
> ron; y estas piedras servirán de monumento
> conmemorativo a los hijos de Israel para siem-
> pre (Jos. 4:5-7, Énfasis añadido).

Después de ser testigos de un milagro de parte
de Dios a su favor, buscaron erigir un memorial

para que no se les olvide a ellos y a las próximas generaciones. No solo querían recordarlo, sino que, más adelante, cuando ellos pasaran por otros momentos difíciles deberían confiar en el respaldo de Dios. Como humanos, somos propensos a olvidar, así que ese *memorial* les podría recordar la bondad de Dios, Su protección y cuidado para con ellos, Su presencia en medio de todas las circunstancias.

Recordar es como decir, «Si Dios ya lo hizo una vez, podrá y querrá hacerlo nuevamente con nosotros». Todo el temor, la falta de gozo, la queja, la amargura y el miedo a lo desconocido puede quedar atrás cuando recordamos lo bueno que ha sido Dios con nosotros.

Quiero animarte a llevar un «diario de gratitud», un cuaderno o agenda en donde cada día, sin falta, puedas anotar por lo que estás agradecido con Dios. Quizá pudiéramos escribir nuestros grandes proyectos o victorias diarias, sin embargo, en esta ocasión me gustaría que más que hacer un memorial de nuestras obras, hagamos ese memorial para recordar la bondad de Dios en nuestras propias vidas.

Anotemos lo que Dios ha hecho por nosotros cada día. Esas anotaciones de gratitud pueden ser un poderoso instrumento que día a día llenará de gratitud nuestros corazones, alejará la amargura, disipará la queja y nos traerá a memoria lo bueno que ha sido Dios durante las 24 horas que hemos estado vivos, y eso nos llenará de gozo.

Puedes anotar triunfos, sonrisas, lágrimas y dolores y los enojos en los que Dios intervino con poder, calma y consolación solo por Su gran amor y gracia. Los salmos de la Biblia, por ejemplo, son una declaración en alta voz de las maravillas que hizo Dios con sus escritores, con Su pueblo. No eran el producto de la bondad de sus autores o del aprecio de unos por otros, sino por el amor y la gracia que Dios mostró. Hay muchos salmos que muestran la gratitud del corazón agradecido de David, el rey de Israel. En muchos de ellos es palpable el dolor, la tristeza o el enojo que sentía mientras los escribía, pero también se puede leer la gratitud y el gozo que siente por lo que Dios le permitía experimentar al verlo obrar en medio de los dilemas de su vida.

La gratitud hace la diferencia entre el gozo y la amargura. Un corazón agradecido desechará la queja y estará contento, con gozo, aun cuando se encuentre en una prisión; un corazón ingrato, lleno de amargura y resentimiento no experimentará gozo o felicidad aun viviendo en un palacio real.

> ¡Canten al Señor, ustedes los justos! Alaben su santo nombre. Pues su ira dura solo un instante, ¡pero su favor perdura toda una vida! El llanto podrá durar toda la noche, pero con la mañana llega la alegría (Sal. 30:4-5, NTV).

Que nuestras palabras sean de gratitud y gozo por lo que tenemos. Quizá estamos deseando demasiado de lo que este mundo ofrece, lo material y temporal. Si hemos entendido que esto no es el final, que lo mejor que podemos tener está por venir, en la eternidad futura ¿por qué amargarnos la vida y quejarnos porque nos faltara lo que perece, lo que se pudre, lo que no tiene valor eterno?

Cuenta tus bendiciones, disfruta lo que tienes y vive lleno de gozo. Que la amargura, la ingratitud y la queja no enmudezcan tu gozo interno. ¡Déjalo que grite y se convierta en un canto de alabanza a Dios!

4

Sonríe al futuro

NUESTRA VIDA ESTÁ ESCONDIDA CON CRISTO EN DIOS

Este pequeño libro habla del secreto del gozo, de cómo vivir la vida sin tenerle miedo al futuro, aprendiendo a tener una gozosa aceptación de todo lo que nos ha tocado vivir, agradeciendo a Dios por lo que somos, lo que tenemos, lo que podemos hacer y lo que se nos ha dado. Vivir una vida gozosa involucra dejar la queja de lado porque hemos aprendido a contar nuestras bendiciones diarias, las grandes y pequeñas, y recordando todos los días la bondad de Dios para con nosotros.

Puedo decirte que, en mi vida, con el paso de los años y con algunas historias que me ha tocado vivir y que me han dejado profundas lecciones y marcas indelebles, he aprendido finalmente a contentarme y a vivir con gozo bajo cualquier circunstancia. Sin embargo, aunque mi ego quisiera subirse al podio para recibir una medalla y cargar con las flores mientras dice entre aplausos que lo he logrado por mí misma, realmente estaría mintiendo porque nadie alcanza a conocer el verdadero gozo por sí mismo.

A través de los años lo único que ha traído felicidad verdadera y un gozo permanente ha sido el estar convencida de que mi Dios soberano, a través de Su Espíritu Santo, me ha dado las bendiciones que Él por pura gracia quiso que tuviera y también, porque no decirlo, el sufrimiento que Él permitió y que no ha dejado de ser bendición en mi vida. No se trata entonces de lo que hice, no es producto de lo que alcancé, ni tampoco lo que dejé de hacer o aquello a lo que renuncié. Se trata finalmente de que el Dios todopoderoso ha prometido estar conmigo sin merecerlo, solo porque así lo ha querido, esa es mi fuente de gozo permanente.

Todo lo que Dios permite en nuestras vidas es lo que va formando nuestro carácter y nos enseña a vivir de la manera más plena posible y llenos de gozo y gratitud. ¿Por qué? Porque, como lo he venido diciendo, el vivir con ese gozo que perdura a través de cualquier situación o circunstancia, no es exterior, sino que comienza en el corazón, donde solo Dios puede entrar y transformarnos de adentro hacia afuera.

Además, os daré un corazón nuevo y pondré un espíritu nuevo dentro de vosotros; quitaré de vuestra carne el corazón de piedra y os daré un corazón de carne. Pondré dentro de vosotros mi espíritu y haré que andéis en mis estatutos, y que cumpláis cuidadosamente mis ordenanzas. Habitaréis en la tierra que di a vuestros padres; y seréis mi pueblo y yo seré vuestro Dios (Ezeq. 36:26-28).

Es indudable que las personas que van por el mundo podrían llegar a tener mucho desde el punto de vista externo, pero algo que caracteriza a una inmensa mayoría de seres humanos es que viven una vida interior llena de quejas, resentimiento y amargura. Por eso se requiere de una operación en el interior, en lo más secreto de nuestra vida para que el Señor cambie ese tipo de vida oscura y resentida por una que esté llena de gratitud, esperanza, y un deseo enorme por vivir contento con lo que se tiene porque sabe que lo que vendrá después es mucho mejor. Solo Dios puede hacerlo. Nadie más. Por eso puedes ver a los creyentes en Cristo, cuyos corazones han sido cambiados desde dentro, que pueden llegar a vivir vidas «austeras» pero están contentos, agradecidos con lo que tienen, llenos de gozo porque saben que Dios está teniendo cuidado de ellos día y noche.

Él es la diferencia entre un corazón contento a pesar de las adversidades, y un corazón triste a pesar de parecer que lo tiene «todo» o «casi todo». El secreto del gozo no está en lo que tenga o deje de tener exteriormente, sino de ser rico interiormente, con corazones llenos de esperanza, que disfrutan de una paz que les inunda y que, en diversas ocasiones, otros ni siquiera pueden llegar a entender cómo es que están en paz en medio de las dificultades que están viviendo. Nuevamente, el secreto del gozo es que solo Dios lo hace, solo Él llena, solo Él satisface, solo Él es necesario y suficiente.

> Me mostrarás la senda de la vida; **En tu presencia hay plenitud de gozo;** Delicias a tu diestra para siempre (Sal. 16:11, énfasis agregado).

Historias que contar

Todos tenemos al menos una historia que quisiéramos contar con lujo de detalles, una historia en la que podemos decir, «fui así hasta antes de... y ahora soy diferente gracias a...». Se trata de recuerdos agradables, pero también de tristezas que nos dejaron grandes lecciones. Nuestras historias de victorias y derrotas. Les puedo asegurar que todos tenemos al menos un recuerdo que quisiéramos compartir con otros de cómo es que salimos a flote después de estar naufragando quizá durante un largo período de tiempo.

Nosotros también nos deleitamos contando historias de otros. Es posible que conozcamos historias tristes y felices de nuestros amigos, de nuestros hermanos y también de nuestros padres. No es el morbo lo que nos mueve a conocer historias de otros, sino porque tenemos esa necesidad de hablar con alguien acerca de nuestras victorias y fracasos. Hablar con otros y contar nuestras historias de vida es hasta cierto punto catártico, nos ayuda desahogarnos, nos permite entender mejor nuestras propias circunstancias, nos provee un punto de vista distinto al escuchar la retroalimentación del que nos escucha, aminora el dolor y nos hace cercanos con quienes hablamos.

Contar nuestras historias es una forma de decirles a los demás, «me interesa que sepas mi dolor porque creo que puedo abrirte mi corazón para que conozcas un poco más porque eres importante para mí». Lo mismo podemos decir de nuestro interés de conocer las historias de otras personas. Pienso que todos buscamos ser consolados por otros, y eso es válido y hasta necesario. La verdad es que es un privilegio que otros vengan a contarnos lo que sucede con ellos y que podamos contar con otros para ser escuchados. Todas esas historias hacen que seamos parte de sus vidas y ellos de las nuestras.

Por ello es que cuando alguien viene a nosotros y abre su corazón para dejarnos ver en su interior y escarbar las partes tristes, las heridas que aún sangran, debemos ser sensibles y mostrar gracia, respeto y consolarlos porque en algún momento nosotros también hemos sido consolados.

Bendito sea el Dios y Padre de nuestro Señor Jesucristo, Padre de misericordias y Dios de

> toda consolación, el cual nos consuela en toda
> tribulación nuestra, para que nosotros poda-
> mos consolar a los que están en cualquier aflic-
> ción con el consuelo con que nosotros mismos
> somos consolados por Dios (2 Cor. 1:3-4).

Podemos consolar a otros porque primera-
mente hemos recibido consolación de parte de
Dios a través de Jesucristo. Nuestros corazones
han sido consolados y sanados por Cristo porque nos entiende a la perfección, y aunque no
entendamos de manera perfecta el sufrimiento
de otros, sí nos hacemos cercanos y sensibles a
su dolor y podemos darles un poco de lo mucho
que hemos recibido de parte de Dios, y los en-
caminamos al que puede consolarlos de manera
perfecta y completa, Cristo.

El final de tu historia puede ser diferente a
la mía porque, aunque nosotros no decidimos
cómo terminará, sí podemos decidir cómo espe-
raremos ese final, con qué corazón caminaremos
día a día hasta llegar a la meta de esta carrera que
nos ha tocado a cada uno. Es decir, ¿cómo vamos
a caminar a través de la senda de nuestra vida
cuando sabemos que invariablemente habrá un
final? Podemos decidir con que actitud de nuestro corazón avanzaremos cada día.

Hoy podemos tener la certeza de que gracias
a que Cristo vino a esta tierra como sacrificio
perfecto para el perdón de nuestros pecados, podemos vivir de manera diferente, caminar con la
esperanza cierta de que esta vida se puede vivir
de manera abundante con Él, pero que no todo

termina aquí porque simplemente estamos en la antesala a la eternidad. Podemos caminar confiando y creyendo que por Su muerte nosotros ya no tendremos una muerte eterna, sino, que al igual que Él resucitó, nosotros algún día resucitaremos para vida eterna junto a Él.

Si esa es nuestra realidad presente y lo tenemos grabado en nuestro corazón, entonces podremos caminar con una visión tan diferente a la que teníamos antes de confiar en lo que Cristo hizo por nosotros. Nuestra forma de ver la vida es transformada, nuestro corazón regenerado ya no solo percibe lo que se mueve en este mundo, sino que ahora también tiene sintonía y comunión con las cosas celestiales y eternas. Cada día, poco a poco, nuestra vida va cambiando.

Estamos hablando de una transformación que probablemente no sea visible de manera abrupta, pero con el paso del tiempo, esas pequeñas grietas que van siendo restauradas serán menos evidentes y parecerá como si nunca estuvimos rotos. Podremos decir cada día:

«No soy lo que fui,
pero aun no soy lo que algún día seré,
camino con la confianza de que ese día llegará
tarde o temprano
y que cristo va conmigo limando,
sanando, perfeccionando»

Cristo cambia vidas, transforma corazones y no nos deja igual de un día a otro.

¿Por qué te digo esto? Porque aunque nuestras

historias no serán conocidas por muchos, y es posible que no se escriba un libro acerca de ellas, sí serán recordadas en nuestros corazones y exaltarán lo que Dios ha hecho en cada uno de nosotros. Tendremos presentes esos recuerdos como inmensos memoriales de gratitud personal por la bondad de Dios manifestada en nuestras vidas.

Sé que hay ocasiones en las que pareciera que no vemos el final del túnel, no hay una luz que nos guíe en medio de una oscuridad que no parece tener fin. No somos las únicas personas que lo ha experimentado. Infinidad de hombres y mujeres han estado en peores situaciones que nosotros y mira, sin minimizar tu dolor o el mío, ellos nunca perdieron ni la fe, ni el gozo que tenían en su corazón porque su perspectiva de la vida era mucho más amplia, porque no solo dependían de sus circunstancias temporales, de lo que tenían o les faltaban sino que, sobre todo, tenían la seguridad de a dónde y con quién estarían habitando la eternidad.

El rey David, de quien ya hemos hablado en otras ocasiones, estaba consciente de su dolor, que aunque parecía interminable y sentía que Dios se había olvidado de él, todavía mantiene la confianza en ese Dios que parecía estar ausente:

¿Hasta cuándo, oh Señor? ¿Me olvidarás para siempre?
¿Hasta cuándo esconderás de mí tu rostro?
¿Hasta cuándo he de tomar consejo en mi alma,
teniendo pesar en mi corazón todo el día?

¿Hasta cuándo mi enemigo se enaltecerá sobre
mí?
Considera y respóndeme, oh Señor, Dios mío;
ilumina mis ojos, no sea que duerma el sueño
de la muerte;
no sea que mi enemigo diga: Lo he vencido;
y mis adversarios se regocijen cuando yo sea
sacudido.
Mas yo en tu misericordia he confiado;
mi corazón se regocijará en tu salvación.
Cantaré al Señor,
porque me ha colmado de bienes.
Salmo 13

Este bello Salmo nos muestra, entre otras
cosas, la confianza que tenía el Rey David para
hablar con Dios, sin máscaras, sin tratar de ocul-
tar sus emociones, su desesperación al decirle:
«¿Hasta cuándo oh, Señor?» como si acaso
Dios no escuchara su clamor, ni viera la necesidad que en esos momentos tenía.

El gozo se podría desvanecer cuando nos sentimos como David, pensando que Dios no nos
escucha, que se ha alejado de extremo a extremo
de nosotros. Podemos creer que Su lejanía es tanta que no creemos que nos llegue a escuchar y,
por ende, no tendremos respuesta a nuestras ora-
ciones, lo que probablemente aumente nuestro
dolor.

Es necesario que recordemos todos los días
que más allá de nuestras circunstancias y sentimientos, Dios sigue siendo Dios. Él sigue en su
trono y cuida de sus hijos, todo el tiempo y sin

descanso porque «el creador de los confines de la tierra no se fatiga ni se cansa. Su entendimiento es inescrutable» (Isa. 40:28). El Rey David sabía que por más que uno pudiera sentirse solo, lejano, olvidado, Dios nunca deja de estar pendiente, en silencio, pero a su lado. Por eso, después de todo lo que le estaba oprimiendo el corazón, David dice: «Mas yo en tu misericordia he confiado; mi corazón se regocijará en tu salvación. Cantaré al Señor, porque me ha colmado de bienes».

Quiero decirte esto para animarte porque es uno de los más importantes secretos para alcanzar el gozo: debemos estar conscientes de que nuestro corazón es engañoso y que no siempre busca lo mejor para nosotros ni para quienes nos rodean. Sin embargo, el saber que Dios sí sabe y tiene cuidado de nosotros, hace que podamos descansar en que todo lo que Él hace es para nuestro bien, aun cuando no lo entendamos del todo.

Podemos cantar, regocijarnos, vivir en plenitud y gozo porque todo lo que Dios hace y permite es para nuestro bien, siempre. No solo eso, sino que también los que hemos creído en Cristo sabemos que nuestras vidas no están en las manos de nuestras circunstancias, sino que nuestras vidas están bien protegidas y seguras, no temen el que les falte algo o que les ocurra algo repentino que cambie su presente o su futuro. Aquí hay otro secreto del gozo: si vivimos con Cristo es porque hemos muerto con Él y vivimos ya con la vida del Cristo resucitado. Si vivimos con Él, entonces, nuestra «vida está escondida con Cristo en Dios» (Col. 3:3).

Espero de todo corazón, que al final de nuestra vida, podamos voltear hacia atrás y decirle a Dios: «Valió la pena creerte. Valió la pena vivir contento, valió la pena esperar en ti y confiarte mi vida por completo. Disfruté cada día como si fuera el último, todo lo que me permitiste experimentar y que estuvo siempre bajo tu absoluto control me ayudó a vivir la vida a plenitud y con un gozo indescriptible. He vivido una vida buena, gracias a ti».

Contemos nuestras historias y que el Señor sea protagonista de todas ellas. Historias que nuestros hijos y nietos puedan recordar en las navidades y que les pueden servir de ejemplo y motivación. Historias que recuerden la bondad de Dios a través de los años, por generaciones. Ya que somos luminares en este mundo obscuro, seamos esa luz que alumbra a quienes nos rodean, ¡para que cada ciudad y el mundo entero vea la luz de Jesucristo! Comenzando desde nuestro pequeño gran hogar.

DEL LLANTO A LA ALEGRÍA

Quisiera decirte que esta parte final del libro es para motivarte a ser mejor y para que saques el «campeón» que llevas dentro, pero lamento decirte que no es así. Todos esos discursos motivacionales que están tan de moda solamente duran mientras se muevan las emociones, pero son superficiales y cuando pasa la euforia, dejamos de ser «campeones» y volvemos a ser tan ordinarios como antes de escuchar hasta al mejor motivador del mundo.

Si es que no se transforman los corazones, la vida sigue igual. De hecho, me atrevo a decir que cuando te das cuenta de que toda esa motivación no trajo el resultado prometido, aunque te esforzaste lo suficiente, la frustración será tan grande que te recriminarás a ti mismo por no haber logrado lo que te habías propuesto, aun cuando intentaste en tus propias fuerzas lograr realizar lo que te hicieron creer.

Eso es muy diferente a cuando tu corazón es transformado, la vida cambia sí o sí. No vuelves a ser igual, y no porque «ese campeón que hay en ti» sale a flote. No cambia por lo que podamos hacer por nosotros mismos, cambia por lo que Dios, a través de Su Espíritu Santo, hace en nosotros desde el fondo de nuestro ser hasta el exterior. Al tenerlo ahora en nuestra vida, es que podemos hacer, sentir y ver las cosas de manera diferente.

Pensando en eso, vienen a mi memoria mi padre anciano y hasta mi abuelo. Estamos hablando de hombres cuyo carácter fue formado de una manera totalmente distinta a la nuestra. Recuerdo a mi papá. Él sabía lo que tenía qué hacer, lo que como varón cabeza de familia le correspondía y solo lo hacía. Nunca usó un despertador y aún así despertaba antes de las seis de la mañana. Jamás lo vi quejarse por nada, nunca lo escuché hablar mal de su patrón ni sentir conmiseración por no haber tenido lo que le hubiese gustado tener de niño, ni tampoco en ninguna etapa de su vida.

Eran tiempos diferentes, lo sé. Las familias eran diferentes y no quiero decir que fueron tiempos mejores porque obviamente cada época en la historia tiene sus cosas buenas y sus cosas malas. Unas dignas de recordar y aplaudir y otras que quisiéramos jamás hubieran ocurrido. Sin embargo, sí podemos aprender de nuestros antepasados, reflexionar sobre sus aciertos para buscar hacer lo mismo y también aprender de sus errores para no repetirlos.

Una de las tantas cosas que me siguen maravillando de esa generación de antes de la segunda guerra mundial, fue su tesón por hacer las cosas sin dejar de pensar en la brevedad de la vida y en dejar un legado para las generaciones que les seguían. Hacían lo que tenían qué hacer sin que hubiera una flotilla de «motivadores» tras de ellos diciéndoles todos los días que eran los mejores, que lo merecían todo y que solo se hablaran a sí mismos cosas positivas. No se les decía que «el mundo les pertenecía porque ellos eran el mundo». Nadie les dijo que tenían que amarse a sí mismos porque de lo contrario serían aplastados por las multitudes. Ellos sabían quiénes eran.

Sin embargo, también es cierto que la gran mayoría de ellos pertenecían a familias que amaban a Dios, le honraban y buscaban hacer su voluntad sin estar preguntando y pidiendo confirmaciones al Dios de los cielos porque ellos caminaban confiando en que estaban haciendo lo que Dios les había mandado a hacer.

Ellos tenían un entendimiento profundo acerca de la soberanía y providencia de Dios. Quizás su secreto para su contentamiento y gozo era que confiaban en Dios. Sabían que, si Dios era bueno, y sabemos que lo es, no los dejaría pasar hambre ni frío. Aun cuando en muchísimas ocasiones sí pasaron hambre o frío, no se alejaban de Dios porque confiaban que Dios seguía siendo Dios cumpliendo sus planes y propósitos en ellos y que los sacaría adelante para la gloria de Su Nombre.

Muchos de ellos vieron esas promesas de lejos, tal como lo vemos en los héroes de la fe que engalanan el capítulo 11 de Hebreos. Murieron con fe y con la esperanza de ver cumplidas esas promesas, y vivieron en paz, con gozo. Porque aprendieron que después del llanto, viene la alegría, ya sea en esta tierra o en la eternidad.

> Porque un momento será su ira, Pero su favor dura toda la vida. Por la noche durará el lloro, Y a la mañana vendrá la alegría (Sal. 30:5).

ESCRIBE PARA NO OLVIDAR

Como te comenté en el capítulo anterior, una de las cosas que temo, es olvidar. En una ocasión entré en crisis de ansiedad porque estaba olvidando cosas, nombres, rostros de personas y aunque parezca extremo, me aterraba la idea de llegar a olvidar a mis hijos pequeños en algún lugar. Mi padre, que sabía mi temor me dijo con inmensa sabiduría: «No te preocupes, tienes mala memoria, consíguete una buena pluma y escribe para no olvidar».

Fue el mejor consejo que pudo haberme dado porque al escribir «para no olvidar» estaba ejercitando mi memoria. Pronto me di cuenta que no es que estuviera perdiendo la memoria permanentemente, solo estaba cargando demasiado con las preocupaciones y afanes del diario vivir que empecé a olvidar lo esencial e importante.

Sin embargo, recordar durante el día es un buen ejercicio para no olvidar las bendiciones de nuestro gran Dios. Otro de los grandes secretos del gozo es cuando todos los días le recuerdas a tu alma lo bueno que Dios ha sido contigo. No estoy hablando de un ejercicio de motivación para levantar el ánimo. Insisto, no hay nada mejor que recordarle a nuestra alma lo que Dios ha hecho por nosotros. ¿Te parece que mencionemos solo algunos ejemplos que nos mantienen con gozo?

«El hábito diario más importante que podemos poseer, es recordarnos a nosotros mismos el evangelio» — Charles Spurgeon.

Aun teniendo todo lo que anhelábamos o sin tenerlo, aun siendo malos, Dios nos dio a Cristo ¡para nuestra salvación! ¡Qué regalo más grande!

Pero cuantas cosas eran para mí ganancia, las he estimado como pérdida por amor de Cristo. Y ciertamente, aun estimo todas las cosas como pérdida por la excelencia del conocimiento de Cristo Jesús, mi Señor, por amor

del cual lo he perdido todo, y lo tengo por ba-
sura, para ganar a Cristo (Fil 3:7-8).

Cuando estemos deprimidos podemos recordar las Palabras del rey David diciendo: «¿Por
qué te abates, oh alma mía, Y te turbas dentro de
mí? Espera en Dios; porque aún he de alabarle,
Salvación mía y Dios mío» (Sal. 42:5).

Recordemos que por nuestros pecados merecíamos toda la ira de Dios y que por Su gran
amor nos dio la salvación por medio de Cristo y
nos hizo justos. «Porque así como por la desobe-
diencia de un hombre los muchos fueron constituidos pecadores, así también por la obediencia
de uno, los muchos serán constituidos justos»
(Rom. 5:19).

Recordemos que el Dios del universo no nos
dejó caminando en tinieblas. Él nos dejó Su Palabra escrita, donde podemos conocerlo, donde
descubrimos que no somos huérfanos, donde se
nos permite conocer su corazón y descubrir una
radiografía del nuestro. Su Palabra que es más
dulce que la miel.

La ley del Señor es perfecta, que restaura el
alma; el testimonio del Señor es seguro, que
hace sabio al sencillo. Los preceptos del Señor
son rectos, que alegran el corazón; el man-
damiento del Señor es puro, que alumbra los
ojos. El temor del Señor es limpio, que perma-
nece para siempre; los juicios del Señor son
verdaderos, todos ellos justos; deseables más
que el oro; sí, más que mucho oro fino, más

dulces que la miel y que el destilar del panal
(Sal. 19:7-10).

Recordar que otros muchos hombres y mujeres con el paso del tiempo sufrieron pruebas mucho más duras que las que quizá estamos pasando o pasaremos algunos de nosotros. Andaremos
en el valle de sombra como lo dice el Salmo 23,
pero es justo recordar que, a través de ese valle,
Dios estará con nosotros.

> Cuando pases por las aguas, yo estaré contigo;
> y si por los ríos, no te anegarán. Cuando pases
> por el fuego, no te quemarás, ni la llama arderá
> en ti (Isa. 43:2).

Lo más importante, recordemos que el Hijo
de Dios, Jesucristo, dejó Su trono y vino a esta
tierra hecho hombre, vivió aquí, sus pies pisaron
este mundo, ¡su risa fue escuchada en estos aires!
Su voz fue escuchada en estos cielos, sus manos
tocaron a muchos, sus lágrimas fueron cerrama-
das, vivió, se alegró, lloró, tuvo hambre, una familia, experimentó la traición, el sufrimiento, la
tortura y también la muerte.

Se hizo semejante a nosotros y padeció. Él no
está lejos de nosotros, Él entiende tu dolor, el
mío, y es capaz de llevarnos del llanto a la alegría.
Por tanto, podemos acercarnos a Él en el nombre de Jesucristo en cualquier momento. Él nos
entiende.

Porque no tenemos un sumo sacerdote que no pueda compadecerse de nuestras debilidades, sino uno que fue tentado en todo según nuestra semejanza, pero sin pecado. Acerquémonos, pues, confiadamente al trono de la gracia, para alcanzar misericordia y hallar gracia para el oportuno socorro (Heb. 4:15-16).

Así que, lo repito una vez más, **el secreto del gozo empieza con Cristo transformando nuestro corazón**, recordando lo que Él hizo por nosotros en esa cruz hace casi dos milenios fue hacernos libres de la esclavitud del pecado y darnos vida eterna; El secreto del gozo es recordar lo que cada día hace en nosotros y a través de nosotros solo porque tiene un amor inagotable. Saber que todo lo que somos, tenemos y hacemos será completamente perfecto en la eternidad, debería mantenernos repletos de gozo y con una sonrisa en los labios porque sabemos que todo lo malo de este mundo y sus circunstancias terminará algún día, pero no acabará con nosotros. Por el contrario, estamos llenos de gozo porque vivimos en su presencia y ya gozamos de vida eterna en Cristo.

Día a día cultivemos un espíritu agradecido y gozoso, que ha aprendido a estar contento con lo que tiene, aprendiendo día a día a estar satisfechos y mantenernos así hasta el día que nuestro gran Dios nos llame de regreso a casa y bajemos al sepulcro, cumpliendo Su voluntad. ¡Qué glorioso será ese día cuando escuchemos la voz de nuestro Señor decirnos:

Bien, buen siervo y fiel; sobre poco has sido fiel, sobre mucho te pondré; entra en el gozo de tu señor (Mat. 25:23).

¡Qué así sea!

COLECCIÓN
LECTURA FÁCIL

Disfruta, crece y profundiza en la fe

- Lecturas sencillas, con aplicación profunda al corazón
- Temas actuales con contenido bíblico
- Práctico formato de bolsillo • Excelente precio

LECTURA FÁCIL

www.milecturafacil.com

LifeWay Mujeres

En LifeWay Mujeres y su editorial **B&H Español** estamos comprometidos a servir a toda mujer, proveyendo recursos bíblicos que enriquezcan su caminar espiritual.
www.lifewaymujeres.com